Entwicklung einer App-basierten Spendenplattform "Donatebi" für gemeinnützige Organisationen

GRIN ☺

Bibliografische Information der Deutschen Nationalbibliothek:

Die Deutsche Nationalbibliothek verzeichnet diese Publikation in der Deutschen Nationalbibliografie; detaillierte bibliografische Daten sind im Internet über http://dnb.d-nb.de abrufbar.

ISBN: 9783346781680
Dieses Buch ist auch als E-Book erhältlich.

© GRIN Publishing GmbH
Nymphenburger Straße 86
80636 München

Druck und Bindung: Books on Demand GmbH, Norderstedt Germany
Gedruckt auf säurefreiem Papier aus verantwortungsvollen Quellen

Das Buch bei GRIN: https://www.grin.com/document/1307698

FOM Hochschule für Oekonomie & Management

Hochschulzentrum Hamburg

Modul: Usability/Webdesign/Webanalytics

Sommersemester 2021

Entwicklung einer App-basierten Spendenplattform für gemeinnützige Organisationen - „Donatebi"

Scientific Essay

Bachelor of Arts (B.A.) Management & Digitalisierung

3. Fachsemester

Datum der Abgabe: 28.08.2021

Inhaltsverzeichnis

Abbildungsverzeichnis

Tabellenverzeichnis

Abkürzungsverzeichnis

NGO   Non-governmental organisations

1 Einleitung

1.1 Idee

Die Idee hinter „Donatebi" ist es, eine Plattform zu schaffen, auf der sich wohltätige und gemeinnützige Organisationen und Stiftungen auf sich aufmerksam machen können. Es geht in erster Linie darum, diesen Organisationen Unterstützung zukommen zu lassen, sei es indirekt in Form einer Geldspende oder auch direkt in Form von Zeit und sozialem Engagement der teilnehmenden Personen. Allein in Deutschland gab es bereits 2019 rund 23.000 unterschiedliche Stiftungen, die sich das Ziel gesetzt haben Menschen sowie Tiere und Umwelt in Notsituationen oder Katastrophenfällen zu unterstützen.[1] Als kleine und lokale gemeinnützige Organisation ist es oftmals schwierig, ohne jegliche Unterstützung auf sich aufmerksam zu machen. Viele Menschen, die sich sozial engagieren möchten, melden sich oftmals bei den größeren und bekannteren Organisationen wie UNICEF, Rotes Kreuz, ein Herz für Kinder, SOS Kinderdörfer oder ähnlichen bekannten großen Stiftungen. Außerdem ist es auch als Privatperson, welche sich gerne sozial engagieren möchte, häufig sehr schwierig unter der Vielzahl der Organisationen den Überblick zu behalten, weshalb oftmals dann einfachhalber auf die große Spendenorganisation zurückgegriffen wird. Diese Probleme greift die App Donatebi auf. Der soziale Gedanke steht im Vordergrund. Die App greift dabei die Funktionsweise von mobilen Dating-Apps auf. Das Ziel ist es, das Kennenlernen von wohltätigen und gemeinnützigen Organisationen in der näheren Umgebung zu erleichtern. Donatebi nutzt dabei das sogenannte Swipe-System, bei dem Nutzer zunächst nur ein Bild und die wichtigsten Informationen der Organisationen aus der unmittelbaren Umgebung ansehen können. Hierbei hat der Nutzer dann die Möglichkeit, direkt Hilfe in Form einer Geldspende zukommen zu lassen und, falls erwünscht, persönliche und direkte Hilfe anzukündigen.

1.2 Zielsetzung und Gang der Arbeit

Ziel dieser Arbeit ist es, die Entwicklung des App-Konzeptes „Donatebi" vorzustellen. Zunächst wird mit Hilfe einer ersten Marktanalyse geschaut, welche möglichen Konkurrenzprodukte in diesem Bereich existieren und welche Funktionalitäten bereits angeboten werden. Nachfolgend werden die eigenen Zielgruppen definiert und daraus Personas abgeleitet. Anschließend beschreibt und erläutert diese Arbeit die Hauptfunktionalitäten der App. Ein MockUp dient außerdem für einen ersten visuellen Eindruck der App. Abschließend zeigt der

---

[1] Vgl. *https://de.statista.com/themen/5657/wohltaetigkeitsorganisationen/*, Zugriff am 14.08.2021.

Ausblick mögliche funktionale Erweiterungen, die zu einem späteren Zeitpunkt mit neuen Releases die App ergänzen könnten.

2 Wettbewerbsanalyse

Im Rahmen einer Wettbewerbsanalyse werden die Mitbewerber, also die Anbieter eines Produktes oder Dienstleistung auf dem Absatzmarkt sowie die Analyse ihrer Struktur und Maßnahmen ermittelt. Ziel einer Konkurrenzanalyse ist es, durch eine mögliche Positionierung im Wettbewerbsumfeld langfristige Entscheidungen zu ermöglichen.[2] Im Rahmen dieser durchgeführten Konkurrenzanalyse wurde der Google Play Store betrachtet. Es wurde festgestellt, dass die Vielfalt der angebotenen Apps im Bereich Soziales Engagement mit dem Schwerpunkt „Spendenplattform" sehr eingeschränkt ist. Zum einen gibt es die international auftretende App „whydonate", welche als Crowdfunding- und Spendenplattform für Einzelpersonen, NGOs und Organisationen auftritt. Im Unterschied zu „Donatenbi" kann jeder nach dem Erstellen eines Profils eine Crowdfunding-Kampagne starten, während es bei „Donatebi" nur eingetragenen wohltätigen, gemeinnützigen und ehrenamtlichen Organisationen und Stiftungen möglich ist. Darüber hinaus bietet die App nicht den geplanten Umfang von „Donatebi", da beispielsweise die Funktion der Standortbestimmung, um lokal die interessierten Menschen zu erreichen, nicht vorhanden ist. Ähnlich ist dies der Fall bei den Apps „GiveCounts", „GoFundMe" und „Charity4Points". All diese Apps bieten nicht den geplanten Umfang von Donatebi, sondern entweder andere Funktionalitäten oder nur einen Teil der geplanten Funktionalitäten. Der Schwerpunkt von „Donatebi" liegt darauf, Menschen und Organisationen lokal zueinander zu bringen. Auch die Beliebtheit der vergleichbaren App im Google Play Store dürfte nicht allzu groß sein, da die Anzahl der Downloads teilweise gerade mal die Zahl von 1000 überschreitet. Nur die die App „GoFundMe" wird mit 1.000.000+ Downloads angegeben.[3]

Neben den genannten App-basierten Plattformen, welcher der Idee von „Donatebi" zumindest im Ansatz ähneln, gibt es noch Web-basierte Plattformen. Hierbei ist vor allem die Plattform „betterplace.org" zu nennen. Nach eigenen Aussagen, wurden von 2007 bis 2020 über 100 Millionen Euro an mehr als 32.000 soziale Projekte gespendet. Grundsätzlich befindet sich hinter betterplace.org dieselbe Grundidee, wie hinter „Donatebi". Einerseits kann die Plattform zum Spenden sammeln für gemeinnützige Hilfsprojekte genutzt werden, gleichzeitig

---

[2] Vgl. *https://wirtschaftslexikon.gabler.de/definition/konkurrenzanalyse-37329*, Zugriff am 15.08.2021.
[3] Google Play Store Analyse, 16.08.2021.

können interessierte Spender sowohl kleine lokale, als auch internationale Hilfsprojekte unterstützen. Auch hier ist das Ziel, Menschen und Organisationen zusammenbringen.[4]

3 Definition von Zielgruppe und Personas

3.1 Zielgruppen

Nachdem sich der Wettbewerb angeschaut wurde erfolgt nun die Marktsegmentierung. Bei der Marktsegmentierung geht es um die Aufteilung des Gesamtmarktes nach bestimmten Kriterien in Käufergruppen oder -segmente. Diese Käufergruppen sind in sich hinsichtlich ihres Kaufverhaltens oder anderer Merkmale möglichst homogen und untereinander möglichst heterogen.[5] Für die Applikation Donatebi lassen sich zwei Zielgruppen definieren:

	Zielgruppe 1	Zielgruppe 2
Wer	Menschen mit Interesse am Sozialen Engagement	wohltätige Organisationen
Alter	14-99	-
Geschlecht	männl./weibl./div.	männl./weibl./div.
Bildungsniveau	mittleres bis hohes	-
Einkommen	mittel bis hoch	-
Motivation	soz. Engagement, helfen	Spenden und Hilfebedarf, helfen
Werte	Hilfsbereitschaft, Umweltbewusstsein, Nachhaltigkeit	-

Tabelle 1 Zielgruppen von Donatebi

Zielgruppe 1 definiert die Nutzer, welche sich gerne sozial engagieren oder Geld spenden, um anderen Menschen zu helfen. Mit einem Alter von 14-99 gibt es innerhalb dieser Zielgruppe fast keine Grenzen, da sich soziales Engagement durch alle Altersklassen entwickelt. Die zweite Zielgruppe sind alle wohltätigen und gemeinnützigen Organisationen und Stiftungen, welche weitere Helfer beziehungsweise weitere finanzielle Unterstützung benötigen, um wohltätige Projekte und Arbeiten durchzuführen.

3.2 Personas

Bei den sogenannten Personas handelt es sich um typische Vertreter der Zielgruppen. Diese Personas ermöglichen den Projektbeteiligten sich mit ihnen zu identifizieren. Es sind also fiktive Nutzer der Zielgruppe eines Produkts oder Dienstleistung. Wie reale Nutzer haben

---

[4] Vgl. *https://www.betterplace.org/c/ueber-uns*, Zugriff am 16.08.2021.
[5] Vgl. *https://wirtschaftslexikon.gabler.de/definition/marktsegmentierung-40268*, Zugriff am 19.08.2021.

Personas Bedürfnisse, Hobbies, Fähigkeiten und Ziele.[6] Im Folgenden werden zwei mögliche Personas beschrieben.

3.2.1 Persona 1

Name:	Hendrik Eichdorf
Alter:	19 Jahre

Vita: Hendrik wohnt bei seinen Eltern und seiner Schwester in einem kleinen Vorort von Hamburg. Hendrik hat gerade erst sein Abitur gemacht. In seiner Freizeit spielt Hendrik im Dorfclub seines Wohnortes Fußball. Bald möchte Hendrik gerne an eine Universität und Chemie studieren. Hendrik ist eher extrovertiert und verbringt viel Zeit mit seiner Familie und seinen Freunden. Außerdem nutzt Hendrik sehr häufig sein Smartphone, um in sozialen Netzwerken aktiv zu bleiben und immer auf dem aktuellen Stand aller Informationen zu sein.

Motivation: Ich habe ein gutes Leben bei meiner Familie und möchte anderen Menschen helfen, die Unterstützung benötigen.

Ziele: Zwischen meinem Abitur und meinem Studium habe ich noch vier Monate Zeit. Gerne würde ich zwei Monate davon meine Hilfe anbieten.

Erwartungen: Ich möchte schnell herausfinden, welche Organisationen in meiner unmittelbaren Umgebung existieren und ob dort auch aktuell Hilfe benötigt wird.

3.2.2 Persona 2

Name:	Manuela Steinbein
Alter:	56 Jahre

Vita: Manuela arbeitet als Kommunikations-Expertin in einem mittelständischen Unternehmen in Hamburg. Dort ist sie bereits seit über 20 Jahren angestellt. Manuela wohnt mit ihrem Mann in einem Haus in einem Vorort von Hamburg. Seit ihre gemeinsame Tochter nach Hamburg gezogen ist hat Manuela ihre Arbeitsstunden reduziert, um nebenbei eine gemeinnützige Organisation im Wohnort zu gründen. Ihre Organisation kümmert sich um Kinder, welche nach dem Schulunterricht noch Betreuung benötigen, welche für die Eltern kostenlos

---

[6] Vgl. *https://www.usability.de/leistungen/methoden/personas.html*, Zugriff am 21.08.2021.

ist. Neben einem kleinen Haus zur Miete als Treffpunkt wird darüber hinaus auch Essen für die Kinder angeboten.

Motivation: Ich möchte Familien unterstützen, welche sich aufgrund mangelnder Einkünfte die Kinderbetreuung nicht leisten können.

Ziele: Meine Organisation benötigt aufgrund eines Ausfalls eines Teammitgliedes ungefähr 10 Stunden Hilfe, damit die Kinderbetreuung am Nachmittag weiter stattfinden kann. Darüber hinaus benötigt das Haus zur Betreuung der Kinder eine neue Küche, welche rund 2000 € kosten wird. Hierfür würde ich gerne Geldspenden sammeln.

Erwartungen: Mit Hilfe der App Menschen finden, welche meine Organisation gerne unterstützen würden.

4 Funktionsgruppen der App

Mit Hilfe von PowerPoint wurde eine Strukturskizze der Funktionsgruppen der App erstellt. Zum Start besitzt die App vier Hauptfunktionalitäten.

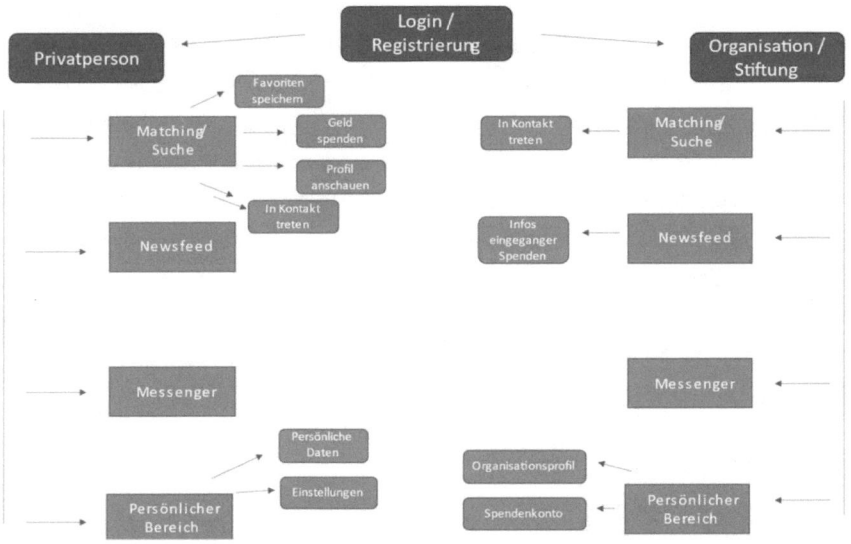

Abbildung 1 Strukturskizze der Funktionsgruppen von Donatebi

5

4.1 Matching / Suche

In dieser Funktionsgruppe werden die angemeldeten gemeinnützigen Organisationen den Community-Mitgliedern angezeigt. Grundlage für die angezeigten Organisationen ist die geographische Distanz zwischen Privatperson und Organisation beziehungsweise Stiftung. Es werden also jene Organisationen angezeigt, welche dem Nutzer am nächsten liegen. Der Nutzer sieht zunächst nur ein einfaches Logo, einen kurzen Infotext und die Distanz in Kilometer zur Organisation. Weckt das Kurzprofil der Organisation das Interesse des Nutzers hat dieser dann vier Möglichkeiten weiter zu verfahren. Der User kann direkt über den Messenger in Kontakt mit der Organisation treten, sich das gesamte Profil der Organisation anschauen, die Organisation unter den Favoriten speichern oder der Organisation über die App Geld spenden. Über einen einfachen Swipe nach rechts oder links kann sich das Profil der nächsten Organisation angeschaut werden. Darüber hinaus besitzen Organisationen selbst die Möglichkeit, sich Nutzer in dieser Funktionsgruppe anzuschauen und diese direkt über den Messenger zu kontaktieren.

4.2 Newsfeed

Die zweite Funktionsgruppe ist der Newsfeed. Die Inhalte unterscheiden sich je nach Nutzergruppe. Je nachdem, ob es sich um eine Privatperson oder eine Organisation bzw. Stiftung handelt, werden unterschiedliche Informationen angezeigt. Privatpersonen sehen die neuesten News von Organisationen und Stiftungen aus der Nähe. Dabei kann es sich beispielsweise um erreichte Ziele, neue Projekte oder ähnliches gesehen. Neben einem kleinen Foto und einen Kurztext, sieht die Privatperson dann auch direkt die Distanz zur Organisation. Die Sortierung erfolgt nach zwei Faktoren. Zu einem nach der Distanz und zum anderen nach der Aktualität. Organisationen und Stiftungen sehen in ihrem Newsfeed die neusten eingegangen Spenden, als auch Informationen über neue Nutzer in der unmittelbaren Umgebung. Eine Organisation hat dann zudem die Möglichkeit direkt mit der Privatperson in Kontakt zu treten, um beispielsweise Danke für eine Spende zu sagen.

4.3 Messenger

Bei der dritten Funktionsgruppe handelt es sich um einen Messenger. Dieser ermöglicht den direkten Kontakt zwischen den beiden Nutzergruppen von Donatebi. Privatpersonen und gemeinnützige Hilfsorganisationen beziehungsweise Stiftungen könnten sich über den Messenger austauschen.

4.4 Persönlicher Bereich

Im persönlichen Bereich kann der User der App zum einen sein Profil anpassen, das bedeutet er kann das Profilbild ändern und seinen Infotext anpassen. Darüber hinaus kann er in dieser Funktionsgruppe persönliche Daten wie z.B. Geburtstag und E-Mail-Adresse anpassen. Des Weiteren haben Privatpersonen eine Anzeige über den Geldbetrag der bisher gespendeten Beträge und dort auch direkt die Möglichkeit, sich eine Spendenbescheinigung ausdrucken zu lassen. Organisationen und Stiftungen haben die Möglichkeit ein Spendenkonto einzurichten und sie sehen dann die bisher eingegangenen Spenden.

5 Mockup

Bei einem Mockup handelt es sich um einen digital erstellten Entwurf einer App oder einer Website. In der frühen Konzeptionsphase der Visualisierung von Konzepten und Ideen dienen Mockups der Visualisierung im Rahmen des Webdesigns. Neben einer Navigationsstruktur beinhalten sie Site- und Design-Elemente im Detail. Mockups können mit einfachen Bildbearbeitungsprogrammen ohne Funktionen erstellt werden als auch mit speziellen Mockup-Tools, in denen Bildelemente bereits mit einfachen Funktionen verknüpft werden können.[7] Für die App-Idee Donatebi wurde ein Mockup mit Adobe XD erstellt, eine Grafiksoftware zum Entwurf von grafischen Benutzeroberflächen für Mobile Apps und Web-Apps.

  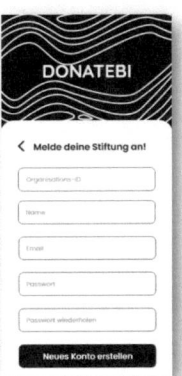

Abbildung 2 Mockup – Login Sequenz

---

[7] Vgl. *https://de.ryte.com/wiki/Mockup*, Zugriff am 23.08.2021.

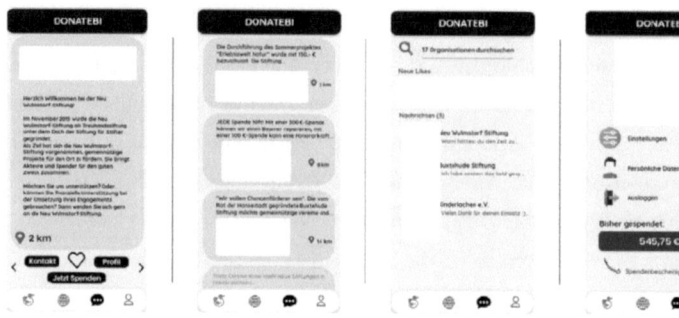

Abbildung 3 Mockup – Funktionsgruppen aus Sicht von Privatpersonen

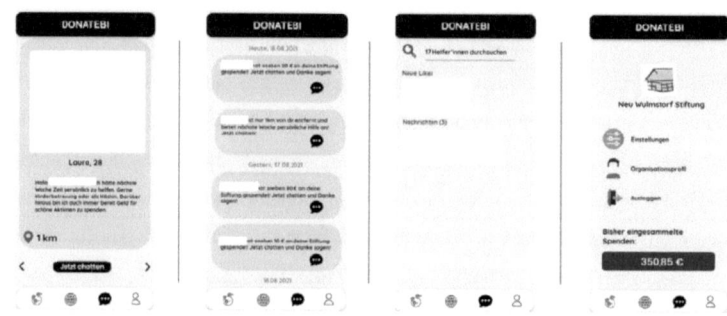

Abbildung 4 Mockup – Funktionsgruppen aus Sicht von Organisationen / Stiftungen

Abbildung 5 Sonstige Designelemente

Das Mockup wurde zusätzlich als Datei in den Online Campus geladen.

6 Ausblick

In diesem Kapitel geht um mögliche Erweiterungen der Funktionsmöglichkeiten der App, die durch spätere Updates veröffentlicht werden könnten. Außerdem gibt dieses Kapitel einen Ausblick beziehungsweise Idee darüber, wie man die App am Markt platzieren könnte.

Mögliche Erweiterungen für die App Donatebi wäre zum Beispiel eine Funktion zum Teilen von Profilen oder anderen Inhalten. Donatebi könnte dadurch an Reichweite gewinnen, wenn beispielsweise Privatpersonen bestimmte Organisationen an Freunde und Familie weiterleitet oder eine Spende auf den bekannten Social-Media-Kanälen teilt, um weitere Menschen davon zu motivieren. Auch eine einfache Bewertungsfunktion könnte die App zukünftig erweitern. Nutzer, welche direkt in einer Organisation oder Stiftung geholfen haben, könnten so ihre Erfahrungen an die Community teilen. Des Weiteren könnte beispielsweise auch die Verlässlichkeit von Privatpersonen bei Absprachen bewertet werden. Eine weitere zukünftige Funktionalität als Erweiterung von Donatebi wäre die In-App-Telefonie über den Messenger. Der Kontakt zwischen Organisation und Privatpersonen könnte so vereinfacht werden.

Eine Möglichkeit Donatebi erfolgreich am Markt zu platzieren, wäre eine Kooperation mit der bereits in Kapitel zwei erwähnten Web-basierten Plattform „betterplace.org". Würde man eine Kooperation mit „betterplace.org" aufbauen, könnte man direkt das gesamte Netzwerk von gemeinnützigen Hilfsorganisationen und Stiftungen nutzen, um damit ein sehr starkes Basisnetzwerk integriert zu haben. Auch „betterplace.org" selbst hätte mit einer mobilen App die Möglichkeit, ihre Reichweite noch deutlich zu steigern.

Internetquellenverzeichnis

https://www.betterplace.org/c/ueber-uns, Zugriff am 16.08.2021

https://de.statista.com/themen/5657/wohltaetigkeitsorganisationen/, Zugriff am 14.08.2021

https://de.ryte.com/wiki/Mockup, Zugriff am 23.08.2021

https://wirtschaftslexikon.gabler.de/definition/konkurrenzanalyse-37329, Zugriff am 15.08.2021

https://wirtschaftslexikon.gabler.de/definition/marktsegmentierung-40268, Zugriff am 19.08.2021

https://www.usability.de/leistungen/methoden/personas.html, Zugriff am 21.08.2021